にほんご多読《たどく》ブックス
Taishukan Japanese Readers

Level
0

田舎《いなか》のネズミ《ねずみ》と
町《まち》のネズミ《ねずみ》

イソップ《いそっぷ》物語《ものがたり》より
NPO多言語《たげんご》多読《たどく》［再話《さいわ》・監修《かんしゅう》］
玉木《たまき》玲子《れいこ》［挿絵《さしえ》］

大修館書店

田舎《いなか》のネズミ《ねずみ》と、
町《まち》のネズミ《ねずみ》がいました。

町《まち》のネズミ《ねずみ》が、

田舎《いなか》のネズミ《ねずみ》の家《いえ》へ行《い》きました。

田舎《いなか》のネズミ《ねずみ》は、

ご飯《はん》をたくさん作《つく》りました。

木《き》の実《み》や野菜《やさい》です。

町《まち》のネズミ《ねずみ》は、あまり食《た》べません。

——おいしくない——

町《まち》のネズミ《ねずみ》は、言《い》いました。

「町《まち》には、もっとおいしいものが、

たくさんありますよ」

「えっ？　本当《ほんとう》ですか？」

「一緒《いっしょ》に町《まち》へ行《い》きましょう」

田舎《いなか》のネズミ《ねずみ》は、町《まち》のネズミ《ねずみ》と一緒《いっしょ》に
町《まち》へ行《い》きました。

町《まち》のネズミ《ねずみ》の家《いえ》は、大《おお》きいです。

「さあ、どうぞ！」

大《おお》きいテーブル《てーぶる》の上《うえ》に、
チーズ《ちーず》や肉《にく》や果物《くだもの》があります。

2匹《にひき》は、チーズ《ちーず》や肉《にく》や果物《くだもの》を食《た》べました。

田舎《いなか》のネズミ《ねずみ》は、言《い》いました。

「おいしい、おいしい！」

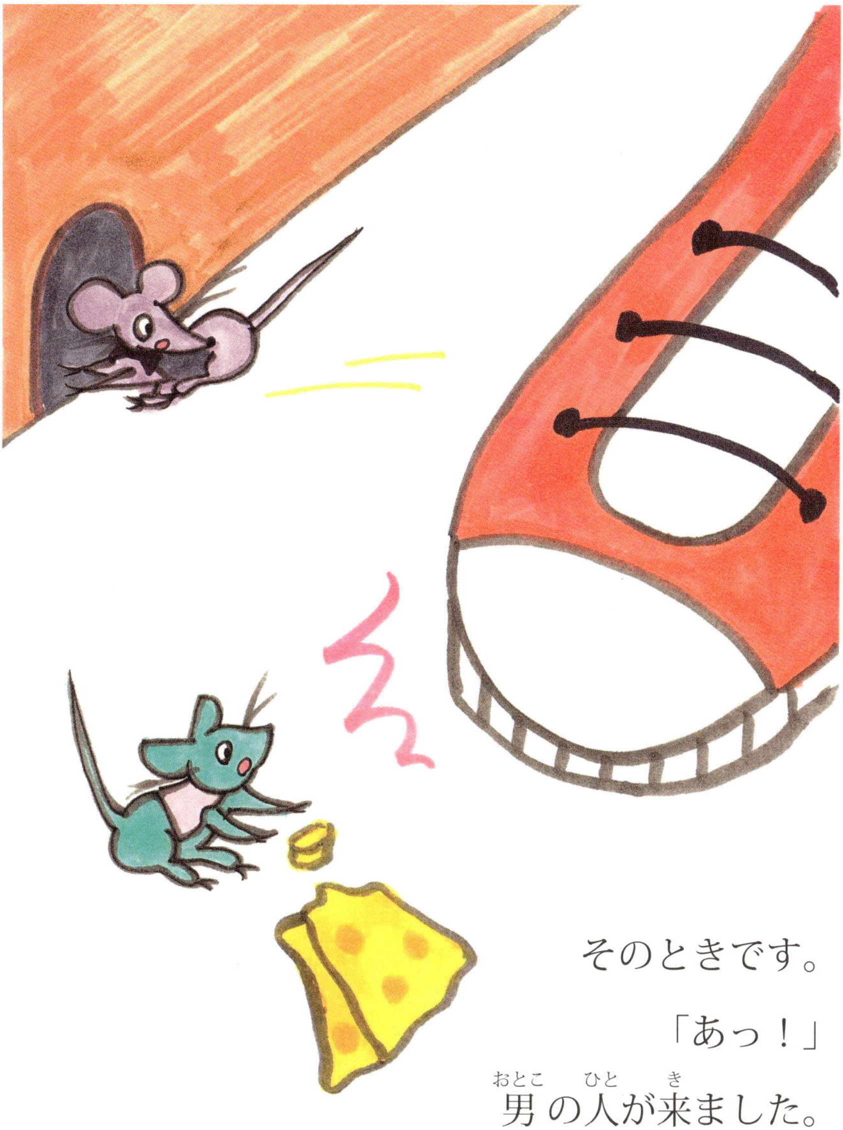

そのときです。

「あっ！」

男《おとこ》の人《ひと》が来《き》ました。

町《まち》のネズミ《ねずみ》は、すぐ穴《あな》に入《はい》りました。

でも、田舎《いなか》のネズミ《ねずみ》は……。

ネコ《ねこ》も来《き》ました。

「こわいよー！」

田舎《いなか》のネズミ《ねずみ》は、

カバン《かばん》の中《なか》に入《はい》りました。

5分《ごふん》……10分《じゅっぷん》…… 20 分《にじゅっぷん》……。

男《おとこ》の人《ひと》も、ネコ《ねこ》も、外《そと》へ行《い》きました。

田舎《いなか》のネズミ《ねずみ》は、言《い》いました。

「町《まち》は、おいしいものがあります。

でも、危《あぶ》ないです。

私《わたし》は、田舎《いなか》のほうが好《す》きです。

さようなら」

田舎《いなか》のネズミ《ねずみ》は、家《いえ》へ帰《かえ》りました。

「ああ、ここが一番《いちばん》いい！」

[監修者紹介]

NPO 多言語多読（エヌピーオー　たげんごたどく）

2002年に日本語教師有志が「日本語多読研究会」を設立し、日本語学習者のための多読用読みものの作成を開始した。2012年「NPO 多言語多読」と名称を変更し、日本語だけでなく、英語、韓国語など、外国語を身につけたい人や、それを指導する人たちに「多読」を提案し、支援を続けている。http://tadoku.org/

主な監修書：『にほんご多読ブックス』vol. 1 ～ 10（大修館書店）、『レベル別日本語多読ライブラリー　にほんご よむよむ文庫』スタート、レベル 0 ～ 4（それぞれ vol. 1 ～ 3）、『日本語教師のための多読授業入門』（ともにアスク出版）、『日本語多読 上下巻』（WEB JAPANESE BOOKS）

＊ この本を朗読した音声は、NPO 多言語多読のウェブサイトからダウンロードできます。https://tadoku.org/japanese/audio-downloads/tjr/#audiodownload-01

〈にほんご多読《たどく》ブックス〉 vol. 1-1
田舎《いなか》のネズミと町《まち》のネズミ

NDC817／15 p／21 cm

初版第1刷――2016年6月10日
第2刷――2024年5月 1 日

監修者――NPO 多言語《たげんご》多読《たどく》
発行者――鈴木一行
発行所――株式会社 大修館書店
〒113-8541　東京都文京区湯島2-1-1
電話　03-3868-2651（販売部）　03-3868-2290（編集部）
振替　00190-7-40504
[出版情報]　https://www.taishukan.co.jp

イラスト――玉木玲子
表紙組版――明昌堂
印刷・製本所―壮光舎印刷

ISBN978-4-469-22249-4　Printed in Japan